JN024017

一人暮らし・
足あと帳

世田谷
きのこ

Kinoko
Setagaya

Parade Books

目次

はじめに

　初めまして、世田谷きのこと申します。2012年6月、34歳だった私は人生初の一人暮らしを始めました。それまでずっと実家暮らしをしていた私。当時結婚するでもなく、いったい何をしたいのか人生に行き詰まり、そんな中どうしても一人暮らしをしてみたくなったのです。

　急に言い出した事で両親に淋しい思いをさせたり、必要に迫られた一人暮らしではなかったので、「一人暮らしはそんなに甘くない」と友人に猛反対された事もありました。

　それでも自分で決めて進んだ先には、私らしい道が続いていきました。

　この本の文章は、
【30代　初めての一人暮らし】
という、当時の私のブログの内容
をもとに、書籍用に少し編集や加
筆をしました。
　時々帰っては元気をもらってい
た実家での出来事や、一人暮らし
で困った出来事など、私自身で選
りすぐって載せましたので、現在

一人暮らしをされているかたや、これから始める全ての年齢のかたに、少しでも参考になれば嬉しいです。

　また、初めて読む全てのかたが楽しめるように作りましたので、一人暮らしではない様々な生活スタイルの皆様に読んでいただけたら、大変幸せに思います。

大家のじいさん

　私の住む建物には、管理人さんがいません。集合住宅によくみられる、管理費というのがかからなくて助かっています。でもその為、住まいに関する事は何でも大家さんに相談したり、お願いする事になります。実際にお会いしてみると、大家さんはかなり高齢で、結構風変わりなおじいさんでした。

　初めてお会いしたのは入居日。インターネットの設置に立ち会いしていただいた時です。小柄で痩せ型、抑揚なく早口にボソボソしゃべる印象。愛想がなくて怖そうに思いましたが、一応、悪い人ではなさそうでした。

　ネットの配線作業が終わり業者さんが帰ると、「ちょっとその辺でお昼でも食べませんか？」と声をかけられてびっくりしましたが、意外と話し好きなのかなと思いました。私は越してきたばかりで、駅周辺にどんなお店があるのか知りませんし、行ってみる事に。大家さんは付近の歴史的な寺院も案内してくれて、かなり歴史がお好きなようです。幕末の歴史事情を語り、ゆかりのある墓まで解説付きで案内してもらった後、駅方面に向かい、ファミリーレストランに入店しました。

　大家さんは私に、何でも好きな物を食べるように言い、飲み物もデザートもセットにできるのだから付けると良い、と勧めてくれました。

（ご馳走してくださるのだ）

　そう思った私はお値段控えめな和定食を選び、デザートは遠慮し、飲み物は食後に

レモンティーをいただく事にしました。大家さんはデミグラスソースのハンバーグ定食に、コーヒーを付けて召し上がっていました。

　大家さんは地域の小学生の子ども達に、剣道の指導をする事もあるそうです。だから少しピリッとした雰囲気があるのかと納得しました。子どもに慕われるというより、怖い先生だと思われていそうです。

　緊張しながらも、食後のお茶を飲みながら1時間は話していたと思います。やがて大家さんが、次の用事があるので出なくてはと言い、

「割り勘でもいいですか？」

　と言い放ったので、大そうびっくりしました。別会計でもいいんです。いいのですけども……。ではどうして、何でも頼めとかご馳走してくれるオーラを出したのか謎でした。

（自分で支払うならもっと違う物が頼みたかったよ、じいさん……。）

　あまり高額にならないように、かなり配慮して注文した私。何だかむなしさが降り積もったのでした。

　ファミリーレストランを出ると、大家さんはとてもご機嫌で、「またぜひ食事しましょう」としつこく予定を尋ねられましたが、私は笑顔で、「連休もらって引越ししたので、今月ちょっとこの先バタバタしていまして」と言い、何とか逃れました。このように、大家さんと出会ったこの日から、すでに空回り感があったのでした。

　大家さんは普段、別な地区にご家族と住んでいます。近くに大家さんがいない為、部屋に困った事があると、いつも対応がイマイチです。……イマイチどころか、信じられない事を言われたりして、私は泣いたり困り果てる事がしばしば。

私は心の中で【大家のじいさん】と呼ぶようになってしまいました。この書籍内でもそのように記載がありますが、どうか大家さんのニックネームだと思ってお許しください。

　大家のじいさんは時々ですが、建物にやって来て掃除をしてくれます。掃除は丁寧で、通路や手すりもピカピカにしてくれます。でも、真夏や真冬には、滅多に掃除にいらっしゃいません。

　大家のじいさんはひどくおしゃべりです。住人のかたの名前や、勤務地、職業などを話題にされるのでびっくりします。そして、聞きたくもないのに、どこの部屋のかたが、家賃や更新料を滞納しているとかも平気で口にするので、いつも話を止めるのが大変。個人情報が大流出で、本当に困ったじいさんなのです。

　でもよくよく考えると、大家さんも住人の性格までは選べないのですから、お互い様で難しいところです。私はいつか引越しをするならば、今度は管理人さんも対応くださる物件、もしくは、不動産屋さんに聞いてみて、安心できる人柄の大家さんの物件を選ぼうと憧れ続けているのでした。

滅多に
ファミレス行けない
ので、こんなのも
食べたかったなぁ…。

私の部屋はこんな部屋

　初めて部屋探しを始めた頃には、脳には憧れしか詰まっておらず、建物の外観や建物名など、生活に関係のない表面ばかりを気にしていました。古着が大好きだった事もあり、下北沢に住んで、散歩に出たついでに古着も眺め、喫茶店で紅茶を飲みながらランチ。そんなおしゃれな生活をしようと思っておりました。

　友人が、「住む所と遊ぶ所は違うよ、今検討している物件の近くに、遅くまであいているスーパー、薬局、普段利用の銀行、郵便局はある？　ないと生活が本当に不便だよ」

　と教えてくれて、目が覚めた気がします。一人暮らしの先輩に相談してみると、現実的な目線でアドバイスをくれるので、とても勉強になります。

　風呂とトイレは絶対に別と、強い希望を持っていた私ですが、結局選んだ部屋はユニットバスでした。これについても別な友人が、「ユニットバスいいよ、私は嫌いじゃないよ。体を洗ったついでに浴槽も軽く洗って、掃除もラクだし、シャワーカーテンの中は蒸気が充満して冬でも寒くない」

　と経験から教えてくれて、あっさりと考えが変わったのです。ユニットバスの部屋を選ぶと、家賃の相場が1万円近く下がりました。一人暮らし向けの物件はユニットバスが多いので、結果として選べる物件数もぐんと増えて、私にはとても良い選択でした。

いくつか部屋の内見を始めると、私は窓やベランダを最重視している事に気付き、自分がこれほど窓好きだったなんて新発見でした。

　周囲からの目線が気にならないベランダや窓で、見える景色も良い事。

　住宅街では相当に難しい条件ですが、窓3つ、ベランダ2ついうなかなか珍しい物件が見付かり、すぐに気に入って住む事になったのです。

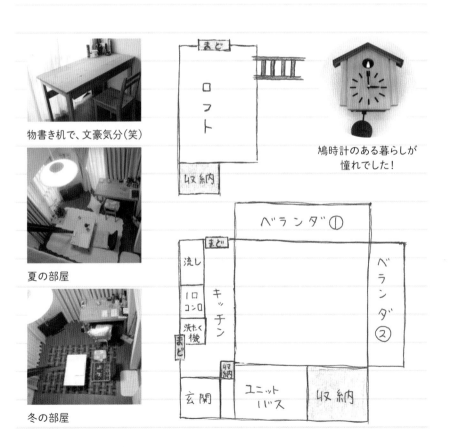

物書き机で、文豪気分(笑)

夏の部屋

冬の部屋

鳩時計のある暮らしが憧れでした!

手作りプチプチクッション

　一人暮らしを始めるにあたって、楽しみにしていた事のひとつは、自分の好きな物を少しずつ買い足していく暮らしでした。家電はある程度、売られている中から選ぶだけなので、割とすんなり揃えましたが、家具、食器、日用品などは、安い物をとりあえず買うという事をしなかった私。

　一人暮らし後2年目までは、服装をチェックできるような、大きめの鏡も持っていませんでした。髪にドライヤーをかけたり、出かける前に服装をチェックしたい時には、キッチンのステンレスパネルが大活躍。コンロの脇の大きなステンレスで、身だしなみチェックをしていたのです。そんな調子の為、当時はキッチンワゴンの一番下の引き出しにはドライヤーが入っていました。古くてかなり曇ったステンレスではありますが、ゆがんではおらず、姿見の代わりとして大変お世話になりました。

　そんな私が一人暮らしを始めて、まだ1ヶ月も経たないある日の事。仲良しの友達夫妻が遊びに来てくれる事になりました。今でも思い出すと笑ってしまう、何もなかった部屋での、恥ずかしくもあり面白かった思い出をご紹介します。

　引越し祝いに精米したてのミルキークイーンを持って、仲良しの淳子さんと夫のチャーリーが遊びに来てくれました。チャーリーというのはニックネームなので、日本人です。10ヶ月になる可愛い男の子、

おいしいお米と
一緒に、淳子さんが
ミント色の部屋着
ワンピースをプレゼント
してくれました。
袖なし、ロング丈。
今も夏になると涼しく
着ています。

ミントグリーンは
気分も明るくなり、
私の好きな色の
ひとつです☆

ハルノ君も一緒にやって来ました。私にとって大家のじいさん以外で初めての、本物のお客様でした。嬉しくて楽しみだった反面、料理も全く得意ではないし、おもてなしに不安がありました。しかも必要な食器類もかなり不足していたので、「もれなく紙皿、紙コップが登場します」と事前に伝えておきました。

　それでもどうにかおもてなしをしようと、料理も朝から一生懸命作りました。当時の手帳に、メニューのメモが残っています。

　・しめじとツナの炊き込みごはん
　・なめこの味噌汁
　・アボカドディップサラダ
　・キウイ

　何だか今振り返ると、一生懸命作ったという割には相当軽食なランチ。その上、紙皿、割り箸で申し訳ない気がします。当時の私はあまり手の込んだものは作れなかったのです。サラダは野菜をスティック状に切っただけ。なめこの味噌汁は、紙コップによそった記憶があります。炊飯器を私のすぐそばに置いて、炊きたてのごはんをワイワイとおしゃべりしながら、おかわりもよそって食べました。紙皿にのせたごはんはグラグラ不安定で、手は熱くて、でも確かにおいしかった。チャーリーはアボカドディップのソースを特に気に入ってくれたようでした。

　信じられないような話ですが、当時まだラグマットすら敷いておらず、硬い床にお客様をお通しした上、クッションもないので、梱包用のプチプチを3重にしてガムテープで端をとめただけの、事前に作ってあった即席クッションをチャーリーに渡したところ、「悲惨すぎる」と大笑いされました。私も大笑い。気心が知れている友

達だからできた事だと思います。

　そんな訳で、眠たくなったハルノ君もこのクッションでお昼寝していました。何もない部屋で本当にごめんね……。

　それでもプチプチはあなどれません。プチプチの上に座ると暖かいのです。２〜３枚重ねるとふっくらして弾力もあります。たまにブチブチーっと弾けてしまいますが、それでも暖かさは変わりません。災害時にも役立つと私は本気で思います。凹凸面を上向きにして座ると、肌触りもペタペタせずおすすめです。

　当時、家電を買い揃えたばかりだった私の部屋には、このプチプチ梱包材の長い物がたくさんあったのです。今ではプチプチクッションを作る事もなくなりましたから、それらは今もまだ使い切れずに押入れに眠っているのでした。

即席プチプチクッションで眠るハルノ君

ゴキブリ出現

　一人暮らしを始めて1年経った頃の事です。夜仕事から帰宅してすぐに、夕食にサラダを作ろうと思い、キッチンワゴンの上にある食器の入ったカゴに手を伸ばしました。なんと、その中にゴキブリがいたのです……。私はすぐに掃除機を取りに行きました。退治する方法が、掃除機以外に思い付けなかったのです。

　キッチンに戻ると、敵はのこのこと移動して、キッチンワゴンの裏側に隠れてしまいました。部屋のほうに行ってしまったら手に負えないので、私は慌ててキッチンと部屋の間にある戸を閉めました。キッチンを閉鎖したので、

（おまえは完全に包囲されている！）

　と心の中で呼びかけてみましたが、どちらかというと、包囲されているのは自分のような気がしました。

　かくれんぼするゴキブリを探すのは、本当に恐ろしい体験でした。心拍数が上がっているのが判り、暑い日だったので額から汗が流れてきました。空腹もあり胃がキリキリする感じがして、頭もズキズキ痛み、とても怖くて緊張しているのが判りました。キッチンワゴンを動かしてみましたが、敵はこつ然といなくなっており、

キッチンワゴン裏の隙間から、棚か引き出しに入り込んでしまったようです。姉が引越し祝いに贈ってくれた、お気に入りのキッチンワゴン。ゴキブリが入り込んだなんて、めまいがします。私は掃除機のホースを左手に持ち、引き出しを引き、戸

キッチンワゴン

棚を開けて、中の食器などを取り出しながら敵を探しました。

　情けない事に、噛み付きもしない敵に私は怯えきっていて、手はガタガタ震え、胸がえぐられるような恐怖を覚えました。探しながら、手に持った食器も落としてしまいそう。物を1つ動かしてみるたびに、心臓が爆発しそうになりました。

　キッチンワゴン内でようやく敵を見付けホッとして、ゾッともして、掃除機で敵を吸い込みました。でも、掃除機の紙パックの中身も気になって仕方ないので、紙パックを取り替える事に……。パッと取り替えてしまえばいいのに、またもや怯えきって、中から飛び出してきたりしないかなどと思いながら、こわごわ掃除機から紙パックを外しました。

　案の定予感的中で、もたもたしていた為、何と紙パックの口からにょっきりと先ほどの大きなゴキブリが出てきて、紙パックの上に乗っかってしまいました。掃除機はフタがあいて、紙パックも外に出ており、もう掃除機作戦で捉える事はできません。

　「わぁー！！　ムリー！！！！」と、ゴキブリに向かって叫んでしまいました。無理だけど、自分で何とかしなくちゃ。せっかく一度捉えたのに、逃したらもうどうにもならないと思い、近くにあったスーパーのレジ袋を手に持ち、半泣きになって必死でかぶせて、何とか封をしました。

　私はそれまで自分がこれほどゴキブリが嫌いだと知らず、精神的に参ってしまっている自分自身に驚きました。でもよく考えると、実家暮らしをしている頃は【知らせる係】で、退治した事なんて一度もなかったのです。1対1で対決すると、あんなに恐ろしいものだとは思いもよりませんでした。

その出来事以降しばらく、床や外の道路などに黒いものがある
と、ゴキブリではないかと怯えるようになりました。時々ふと、幻
まで見えてしまう程に、私は参りきってしまったのでした……。

なつかしアルバム

〜団地散歩〜

コロコロして
可愛い、
コジュケイ。

ぎんなんを拾っているのは
私の父です。

カワセミ。

日本で
一番小さい
キツツキの
コゲラ。

ギョリュウバイ。

外来種の
ガビチョウ。
声が美しくて
可愛い。

野生のしいたけ。

ホットケーキの落し物みたい?!
…これはキノコなのです。

おぞましき排水溝

　私の部屋のユニットバスは、入居した時から逆流現象がありました。よくありがちな困り事だとは思いますが、それは何かというと、浴槽の栓を抜くと浴槽の外側にある排水溝から、風呂水が逆流し溢れてくるのです。しばらくすると水はスーッと引い

私のユニットバスの排水溝

ていきますが、毎晩拭き掃除をしていましたし、排水溝から風呂水が溢れ戻るなんて気持ちのいいものではありませんでした。

　一人暮らしが3年近くになる頃、逆流する水量がだんだん増えてきて悩んでいました。おまけに大雨が降った後など、何となく下水臭いにおいもするのです。これまで掃除をしたくて、何度も開けようとした排水溝のフタ。どんなにクソヂカラで引っ張っても外せませんでした。そこで仕方なく、市販のパイプ洗浄剤を試した事があります。下水臭さには効果がありましたが、詰まりの解決には至りませんでした。

　詰まりを解消する方法が、何か必ずあるはずと思いネットで調べてみると、まず、外れない排水溝のフタはない事が判りました。……確かに……！！　外れなかったら、たとえ業者さんだって掃除のしようがないですものね。これはきっと（当時）築26年の歴史による住人の皮脂や、石鹸カス等で、フタがベットリ張り付いているに違いなく、私は珍しく掃除の為に燃えました。フタは相変わらず、私の手の力ではどうにも絶対に外せません。

　そこで自分で考えたフタを外す作戦として、凧糸を網目に落と

し、それを割り箸ですくいあげ、引っ
張ってみる事にしました。凄く力が要り
ましたが、ようやく外せました。

この
すき間に
たこ糸
たらして、

割りばしで
すくって
引っ張れるように
からませる。

　中には筒状の部品がひとつあり、水が
張っていますが、見た目にゴミはありま
せん。私はビニール手袋をして、排水溝
に手を突っ込む事に。……むむ、手応えあり！！　何かおぞましい
物が出てくる予感……！！
　出るわ出るわの、ズルズル、ズルズルと長い髪の毛の束。ホラー
映画さながら。ユニットバスの排水溝から出たゴミは、本当に髪の
毛のみでした。しかも片手いっぱいに掴
める量で、フルウイッグがひとつ作れそ
うな位。石鹸でにごった水の中から、石
鹸カスと一緒にごっそり取れたのです。
（ぎゃあぁぁ……！）
　どっさり取れたので、排除した後は気
分もすっきり。恐ろしい髪の束はビニー
ル袋で封印し、ゴミ出し準備も完了で
す。夢に出てきそうな気味の悪い感触

ぎゃあぁぁ!!

小さな
排水溝から
頭みたいの
出てきた…

←ベースは黒
たまに
金髪
まじってる。

だったけど、達成感と爽快感はそれ以上に素晴らしいものでした。
　業者を呼ばないと無理かと思った、ユニットバスの排水溝詰まり
り。自分で解決できて、久しぶりに【一人暮らしレベル】がアップ
したようで嬉しかったです。歴代住人が詰まらせた歴史はありつつ
も、最後のひと詰まりをさせたのは私です。掃除の方法も判ったの
で時々掃除をしつつ、気を付けようと思いました。
　今でも思い出す度に、ユニットバスの髪の毛を引き上げる感じ
は、わかめの水揚げ漁みたいだったなぁと笑えるのであります。

寝込みの寝正月

　2014年1月2日の出来事です。大晦日と元旦を実家で過ごし、仕事帰りに一人暮らしの私の部屋に帰ってきました。正月中なので建物自体が無人のようにしんとして、電車の通り過ぎる音はいつもより近く感じ、遠くの犬の遠吠えまでが聞こえる、ひっそりと静かな私の部屋でした。

　私の部屋に「今年もよろしくお願いします」と挨拶をして、それから夕食を温め始めました。ところが、いざ夕食を目の前にすると全く食べたくなくて、何だか体調がおかしい事に気付いたのです。

　温めてしまった夕食、少しでも食べようと頑張りましたが、飲み込めませんでした。すぐに気持ちが悪くなってきて、テーブルにはごはんを並べたまま床に倒れ込み、しばらく横になって動けませんでした。測ってみると発熱しており、お正月の病院もやっていないこんな時期に、急に体調を崩してしまったようなのです。急降下で気分は悪くなり、それなのに、そんな中急いでお風呂のお湯をため始めました。ポリシーなのか、どうしてもお風呂に入らずに布団に入るのが嫌だったのです。

　……しかしやはり、風邪気味程度の時ならば、お風呂もいいと思うのですが、具合が悪化しているさなかに入るものではありませんでした。お風呂の中で更に気持ちが悪くなり、必死で髪や体を洗い、ヘロヘロになって出てきました。入浴後は椅子に座るのも難しい位ヘロヘロで、キッチンの床にうずくまってドライヤーで髪を乾かし、どうにか布団に入れる準備を整えました。

　私はロフトに上がり、布団の中でシクシク泣きながら原因を考え、突き止めた気がしました。もしかすると、先日食べたお菓子の期限が切れていたのではないかと思い当たります。台湾のお菓子で

【パイナップルケーキ】というのがあります。日本のお菓子では食べた事がないタイプで、パサパサの生地にしっとりしたパイナップル餡が入っている物で、私はこれが大好き。数ヶ月も前に友人が、台湾のお土産として、パイナップルケーキ好きの私の為に色んな

メーカーのを選りどりに集めてプレゼントしてくれたのです。おいしくて、大好き過ぎて、年末までひとつだけ大切にとってありました。個装の箱には賞味期限が書いていなかったのです。もらってから数ヶ月経ちますから、とっくに期限が切れていたのでしょう。

　アホウな私は、思い返すと、丁度前年の１月にも食あたりで病院にかかった事がありました。その時は何が原因だったかと言いますと、レトルト食品の豚の角煮です。開封済みの食べかけが、すっかり忘れて半月も経った後に見付かりました。捨てるのが惜しまれ、臭いなどは全く異変なかったので、よく加熱して食べてしまったのです。

　食べてから２日後という、発症のタイミングも前年と同じでした。症状も同じで、不思議とおなかは全く下さず、とにかく気分不快なのです。でも、今回の気持ちの悪さは前年の３倍位に感じ、とても辛いものでした。翌日は仕事ではありませんでしたが、正月期間で病院もやっていません。もしも死にそうになったら、救急か実家に救助を頼もうと思い、玄関の鍵はかけましたが、チェーンは外しておきました。
　真夜中に一度気分の悪さで目を覚まし、朝方には熱を冷ます為に

頭痛薬を飲みにロフトの下に降りました。それ以外はずっと辛くて寝ていました。お昼過ぎにようやく起き出し、りんごだけ切って食べ、頑張って洗濯をしました。

　日の短い1月3日は、洗濯物を干し終えた時にはもう日が暮れかかっていました。もっと早く洗って干せば、すぐに乾くいいお天気だったのに。でも、羊みたいな可愛い雲を見ていたら、寝てばかりで日が暮れた悲しい気持ちも慰められました。このあと日が暮れてしまうまで1時間位は起きていました。

2014年1月3日、その時の空です

　熱が下がり、食事が摂れそうな気がしてきました。レトルトおかゆのような、体に優しくてすぐ食べられる物がなく、ある物で簡単に作る事に。ごはんを温め、生たまごと、少しでも栄養プラスになればと、かつおぶしと桜えびをのせて食べました。おなかがすいていたのでとてもおいしく食べられて、一緒に飲んだ熱い緑茶もさっぱりしておいしかった。ごはんを食べたら、もう救急救助の可能性だけはないと安心できました。

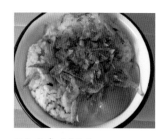

これを食べました

　いよいよやって来た日暮れを、ベランダで眺めました。今日は何もできなかったなと悲しく思いましたが、遠くから鳥の群れがやって来て、花火のように空の八方に飛び散ったり、富士山の見える西の空を旋回して、天空ショーのようでした。（絶対違いますが）鳥達が励ま

してくれているように思って、少し元気になった夕暮れです。

その後残念ながら、再び頭はクラクラ、熱も出て、ひどい耳鳴りがしました。座って本を読むのも無理

暮れていった1日3日の西の空

で、ロフトの布団に戻り、生ける屍のように朝までずっと眠り続けました。

1月4日には元気が戻り、仕事に行く事ができました。私は1月2日の23時から、4日朝7時過ぎに目が覚めるまでの32時間の間、目を開けていられたのが嘘ではなく3時間程度だったので、ナマケモノ以上に眠り続けました。具合が悪いといくらでも眠れるものですね。

2年も連続で、食い意地による自爆で食あたりになった私。それ以降、本当に気を付けるようになりました。今では必ずひとつ、レトルトのおかゆを常備しておく事にしています。それから経口補水液やゼリー飲料も常備しています。本当に具合が悪い時、お茶すら受け付けなくなってしまう事があるのですが、経口補水液は気持ちが悪くならずに飲めるので、持っていたほうが良いです。ゼリータイプの経口補水液もあり、具合が悪い時に横になったままで飲めるので、ゼリータイプが私の一番のオススメです。

🍄 一口コンロでも大丈夫! 🍄

　まな板を置く場所もない、小さなキッチンは使いにくいものでした。狭くて深さのないシンクは大きなフライパンを洗うとガンガン、ゴンゴンぶつかりまくり、水も飛び散ります。自炊しない人向けのキッチンで、自炊をする生活の始まりです。

　まな板を置く場所がないので、丸椅子にまな板を載せて、床にひざをついて野菜を切ったり、今ではびっくりするような事も当初しましたが、困っていたというよりは、使いにくいキッチンで工夫するのも、全てが新鮮で楽しかったです。

　一口コンロの中でも珍しいタイプだった私のコンロ。「これどうやって火つけるの?」と、友人に聞かれた時には笑ってしまいました。大きい方のボタンを押すと点火し、横のつまみを回すと火加減が調節できるんですよ。

キッチンワゴンがなかった時、
この椅子の上で作業していました。

私の一口コンロ

　一口コンロのかたにぜひおすすめしたいのはシリコンスチーマー!　電子レンジがあれば、あっという間に1品できて火がもうひとつあるのと変わりません。ほぼ毎日愛用していました。

冷凍しておいた野菜などぎっしり詰めて、お水をほんの数滴加えレンジで加熱すれば、あつあつ蒸し野菜の完成です。チーズをのせてもいいですし、ドレッシングでも、市販の瓶入りバーニャカウダソースなどでもおいしい！　枝豆やそら豆、ブロッコリーだって、食べたい分だけすぐに加熱ができます。

シリコンスチーマーは、
よくリサイクルショップで新品が
安く売られています。オススメです。

数あるバーニャカウダソースの
中でも、私はこれが好きです。
小皿に取りあたためて使います。

　シリコンスチーマーの他にも、レンジで魚の切り身が焼けるシート、焼き芋専用アルミホイルなどなど……、キッチン便利グッズはたくさん持っており、今でも大切に使っています。

手のひらサイズの
小さな土鍋。
直火でもレンジ
でも調理可。

便利グッズを
見付けると
欲しく
なります。

トマト型の
シリコンスチーマー。
付属の小さな
レシピ集も大切に
しています。

少しずつ運転を

　私は20代の頃、車の運転をしたいという願望が皆無で、免許すら取りたいとも思いませんでした。30代になると、もしもの緊急、災害時の事や、この先両親が高齢になっていく事を考えると、運転ができるようになりたいと考えるようになりました。2週間の有給休暇を取得して、新潟県の免許合宿に参加したのは2011年6月、33歳の時です。

　無事に免許を取得しましたが、東京での生活は、電車と自転車があれば不便がなく、乗ってみたいと思いつつ、運転はその後一度もしないままでした。しかも当時の実家の車はトヨタのハイエース。父が水道配管の仕事で、たくさん荷物を積んでいた車です。車体が長いので、運転デビューにはとっつきにくい車でもありました。そんな訳で運転せぬまま数年の月日が経ち、私の免許はやがて、自動的にゴールド免許となりました。

　両親が暮らす団地の周辺を散歩していると、通りかかる車は、日中では女性ドライバーの割合が多い位だと、ある時に気付きました。コンビニすらそんなにあちこちにない地域なので、スーパー、駅、ホームセンターなど、どこへ行くにも車は必需品なのです。スイスイと車を乗りこなす女性を見かけると、本当にカッコイイ、いつもそう思っていました。

　長年の仕事を引退した父が、街乗り用に小さな車に乗り換えた時、可愛いその車で、今度こそ自分も運転してみたいと思うようになりました。そして散歩しながら歩く、のんびりした環境の団地周辺の道路を見ていると、（ここでならどうにか運転の練習ができるかも）そう感じたのです。

免許取得から丸5年が経過し、38歳になっていた私に運転を教えてくれたのは父です。父は退職するまでは、いつも車で仕事先となる現場まで行っていました。担当する場所にもよりますが、遠い時には片道2時間以上かけて通っていたのです。相当大変な事だと思いますが、父は運転が大好きで、遠い道のりの運転でも苦にならなかったそうです。

　2016年10月中旬のある日、曇り空の15時過ぎ。見通しの良いのんびりした広い道路で、私の運転練習は始まる事になりました。父は停車した道路で、ナンバープレートの横に若葉マークをペタリと貼ってくれたけど、向きが逆だった。

（父さん、それじゃスペードみたいだよ……）

　おかしくてたまらず、吹き出しました。でも笑っている場合ではなく、私は今から緊張の中に飛び込むところなのでした。若葉マークを貼り終えた私達を、前方から歩道を歩いてきたご婦人が、歩調を緩めてニコニコ顔で見ていました。ニコニコ笑顔は、頑張ってネと言っているようで、私は少し安心しました。

　運転席に座って、座席とミラーを合わせいよいよ出発。道路は空いており、練習に最適な時間です。右合図を出し、いざ出発と思うけど、心の準備ができず死にそうに緊張してブレーキを踏み込み続ける私に、

「早く行けよ、アクセル踏まねぇと進まねーんだよ」

　と、父が言ったのをよく覚えています。

（わ、わ……、わーっとるわ！！）

　必死過ぎて、スタート前から手のひらは汗でいっぱいでした。40キロでも結構早い。私の目は泳ぎまくり、とてつもなく怖かった。対向車と衝突するのではと思ってしまい、どうしても左寄りに

なり、何度も父に指摘されました。「もっと中央に寄れよ」「だって怖いんだもん」と答えると、「おれのほうがこえーよ！」と言うのでかなり笑いました。確かに、すみません……。

　道路の真ん中の感覚はしばらくすると判ってきて、そのうち片寄りを注意される事はなくなりました。1回の練習は大体1時間半の事が多く、午前と午後にも乗ると1日で3時間以上は運転できる事になります。父が考案してくれた運転コースは、いつも散歩

緑多き、講習コース

で歩く見慣れた道路でした。ゆるやかで道幅も広く、本当に教習所の運転コースかのようでした。実際、付近の自動車学校の車が走っている事もあり、その度に父は「おまえと同じのが走ってるぞ」と、楽しそうに言っていましたっけ。

　私は団地に来る度に、午前も午後もいつも運転の練習をしました。合計で数日乗り、だいぶ慣れてからも、交差点ではハンドルを切るタイミングなどで繰り返し注意を受ける事が多かったです。交差点で毎度、「そんなに何回も見ねぇでさっさと行け」とか、「後ろなんて見ねぇでいーんだよ！」などと言われていました。私はバカみたいに交差点でキョロキョロしているのだそうです。

　「見ないよりいいでしょ！！」だとか、「後ろじゃなくて巻き込み見てるの！！」などと私なりの意見を言う事もありました。すると、「おまえ、おれのほう見て文句言うなよな」《＝前を向け》と言われた時には笑ってしまった。本当ですね、スミマセン。

　たまに鳩などの野鳥が、道路の真ん中でいつまでも何かをついば

んでおり、ギリギリまで飛ばないので、ヒヤヒヤする事がありました。「おまえにひかれる鳩はいない」と父は言いますが、ぼんやりしたタイプの鳩もいるかも知れないと思い、鳩の為に徐行して「なんでこんなとこでブレーキ踏むんだよ」などと怒られたものです。

　文字にすると父の言葉は荒く見えますが、父の教えかたは決して怖くありませんでした。怒鳴られたりすると思っていましたが、そんな事はなく、いつも的確で判りやすかったです。進路の先に工事している所があったりすると、かなり早めに教えてくれるので進路変更も慌てずできて、教えかたは本当の教習所の先生のように行き届いていました。

　運転に少しずつ慣れてくると、若葉マークを貼った私に親切にしてくれる車に出会った時、サンキューハザードで丁寧にお礼の気持ちを表しました。ちゃんと教習所時代に習ったのです。

「いいから、早く行け」父によく、そんな風に笑われたものですが、他のドライバーさんとやりとりできるようになると、車社会の仲間入りを果たせたようで、嬉しくもありました。父は何か注意する時、息を吸い込み、「おまえはよー、さっきんとこよー、△○¥☆……」という感じで言ってきます。助手席で息を吸い込む音がすると、なんか言われるぞと毎回身構えたのですが、日が経つにつれ、あくびしただけ、咳をしただけ、そんな事が多くなりホッとしました。

　父が助手席で窓の外の景色を眺めながら、「富士山が綺麗に見える」「桜のつぼみ、大きくなってきたな」なんて、少し嬉しそうな表情でつぶやいているのを見ると、自分の技術が上がった事も、父がドライブ気分でリラックスしてくれている様子も、どちらも嬉しく思いました。ゆっくりながら、少しずつ上達していったようで

す。スーパーまで買い出しなどの際は、練習も兼ねて私が運転するようにしていました。

　県を越えて長距離走行する時には父が運転するので、私は助手席に座り、自分が運転しているつもりの目線で前方を見据え、勉強をしました。茨城県まで行く道筋をずっと助手席から眺めていた時、私たちの小さな車のまわりは巨大なトラックばかり。高速道路の巨大なト

大型トラックが付けている事がある標識たち。これがあればむやみに接近されなそうで、私もほしいなぁとよく思っていました…。

ラック達に押しつぶされそうに思えたり、トンネルのカーブをビュンビュン走ったり、危険な運転をする車にも何度か出会いました。到着した時には目がチカチカして頭痛をもよおし、到着後しばらく疲れて寝ていた事があります。「何でおまえが疲れんだよ」と父は笑っていましたが、運転って大変だなぁと、まだまだグッドドライバーへの道のりの遠さを痛感しました。

　そんな私もだんだんと、他県までの長距離の運転や、高速道路の運転もこなすようになっていきました。高速道路はまだまだ必死ですが、一通り運転ができるようになったと自分でも感じるようになった頃、

「卒業証書だな」

　いつものように近所の道を走行中の私に、父が言ってくれた事があります。3年半に渡り、運転を根気強く教えてもらって、父は私の運転を直接褒めてくれる事はなかったけど、母を

通して、「上達してきた、と言っていたわよ」なんて後日メールで教えてもらう事があり、本当に嬉しかったです。

　父はぶっきらぼうなようでいて、私が車に乗る時には、サイドミラーの雨のしずくや花粉などを、出発直前にいつも綺麗にぞうきんで拭いてくれました。フロントガラスの鳥の糞なども拭き取って、いつでも見やすくしてくれたのです。そして、車の中でラジオを聴くのが大好きな父ですが、私が運転する時には必ずラジオはオフでした。私の気が散らないように、どんなに相撲の中継などを聴きたくても我慢していたのだと思います。

　卒業認定をもらっても、実はまだひとりで運転した事がない私なのですが、父に根気よく運転を教えてもらえた事を、今でも本当に感謝しています。

運転のあとは、母のごはんが楽しみ！　お昼ごはん、冷やしうどんです

なつかしアルバム

～団地ごはんとおやつ～

母が作ってくれたお弁当。
とてもおいしかった。

父の大好きな大判焼。

夏の散歩には
水出し緑茶を持って、
飲むのが楽しみ。

ドラ焼きも父の大好物。

3色団子。

揚げたてトンカツ☆

これはキッシュ、
3時のおやつとして食べました。

母の作った食パンピザ、
1人2枚ずつなのが嬉しかった。

出来たてのお蕎麦をどうぞ

　2015年12月31日の事。両親の暮らす団地に姉夫婦と私が集まり、狭い団地はにぎやかになりました。年末らしい穏やかな天気の大晦日、7時20分に起きて、皮までパリパリに焼けたおいしい鮭で朝食を食べました。

　父は今日一番の大仕事、蕎麦打ちの準備をしていました。祖母の味を受け継いで父が毎年、いなか風の手打ち蕎麦を作ってくれます。材料は薄力粉、そば粉、水のみ。たまごやトロロを加えてみた事もあるそうですが、今は2つの粉のみで作ります。

粉量りが私の仕事

　私も身支度を整えてから、暇なので助手として蕎麦作りを見学する事にしました。こねたり伸ばしたりしてみたかったけど、助手の私が任された仕事は、粉量りと火の番という、大そう地味なお手伝い。小麦粉200gと蕎麦粉400gを量りタッパーに移すだけ。団地で過ごす私達5人と、いとこ一家の分。何食か食べられるように作る為、粉をたくさん用意します。服に粉が付かないように、母から

エプロンを借りました。ヒョウ柄だったのでちょっと嫌でした。

父が蕎麦を打っている間は誠に暇なので、うろちょろして蕎麦打ちの様子をカメラに収めたり、会社の先輩が譲ってくれた3D携帯ゲーム機のお古で、買ったばかりのマリオのゲームを台所の片隅でしていました。

父が蕎麦打ちをしていた場所は、台所ではなく風呂場です。

ここはお風呂場なのです

風呂のふたを閉じて新聞を広げ、蕎麦打ち用の板を載せれば、蕎麦打ち工房の出来上がり。このほうが台所よりも、高さや奥行きの広さが丁度いいそうです。「とても風呂には見えないね」即席の蕎麦工房をカメラで撮影した画像を母と見て、ワハハ、ブハハハと笑いました。

丸い蕎麦の玉を作り、それをめん棒で薄く伸ばし、たたんで切

蕎麦玉

伸ばして…

切っていきます

る。母が大鍋で茹で
て、箱詰め作業をします。完成にはお昼まで、4時間かかりました。

その間に姉夫婦も起きてきました。台所は量った粉や、茹で上がった蕎麦でいっぱいだったので、私がおかみのふりをして、ふすまの隅に正座しノック

お味噌汁の具が変わった！！

して、朝食をお部屋まで運びました。味付けのり付和定食。作ったのは母です。……私の時と味噌汁の具が違う！　人数が多いと味噌汁もすぐなくなっちゃうのですね。

姉の夫はペロリと完食でしたが、姉は朝食を普段あまり食べないそうなので、味噌汁と味付けのりだけ渡すと、「旅館みたい！」と喜んでくれました。それから、姉のコザクラインコを触ったり、おしゃべりしたり、ゲタゲタ笑ったりして、しばらく台所から離れてしまいました。

姉のコザクラインコ、ドリーちゃん

父は顔が怖めだけど、普段イライラしたりはあまりしません。だけど、蕎麦打ちしている時、お湯の準備や茹で具合の事で、ついピリッとした発言をしてしまったりします。そして私は渡す粉を間違えたり、急にい

なくなり姉の部屋で油を売っていたり、台所でマリオをする不まじめな助手であった為に怒られました。

沼のような蕎麦湯！

蕎麦を茹でたお湯は、本格的な蕎麦湯です。私はお茶代わりに、おかわりしてたくさん飲みました。母はかなり付きっきりで父と蕎麦作りをしていたので、カチンとくる時も多々あった様子。グビッと温かい蕎麦湯を飲むと、「あー、血圧が下がった！！」と言うので、私は大爆笑でし

た。「これ大事に冷凍して、イラッとしたら1杯飲むといいね」母と笑いあいました。蕎麦湯には、血圧を下げたり、整腸効果など良い作用がたくさんあるそうです。

茹でたてのお蕎麦はおいしくて、台所でたくさんつまみ食いしました。母が鶏ガラから作った蕎麦つゆをたっぷりかけると、出来たての温かいお蕎麦の出来上がりです。もちもちして本当においしかった。

父の手作り蕎麦！

14時になると私と父は、世田谷区に住む、いとこの家に蕎麦の配達に出かけました。車で片道1時間程の配達の旅。私は助手席で景色を見ているのがとても楽しかったです。まだ大晦日なのに、河原ではもう凧揚げしている人がいて、ドラゴンみたいな動きをする凧が広い空を昇っていきました。

　いとこの家の周辺は、私の生まれ育った街でもあります。母校の高校、アルバイト先、通った学習塾もあった地域なので懐かしい。だけど、アルバイトしていたファミリーレストランも、勉強を好きになるきっかけをくれた学習塾もなくなってしまいました。

　いとこの家では蕎麦を渡し、平たく固めた手作りのし餅と梅干しを受け取りました。物々交換です。少しだけお部屋に上がりました。玄関に果物がたくさん保管してあり、室内は温度も雰囲気も暖かった。父のお姉さんの家です。

　いとこの家を出ると、最後に一人暮らしの私の部屋へ寄ってもらいました。両親が分けてくれたお正月用のお刺身と、姉夫婦がお土産にくれた、和歌山ラーメンセットとお菓子をしまいに行きたかったからです。蕎麦湯ももらってきたので、ジッパー袋で冷凍しました。これで配達任務は完了です。

　帰り道にも、門松やお飾りの出たマンションや飲食店を見ながら、助手席に乗っているのは楽しかった。父は車内でお気に入りのCDを流していた。昭和ムード歌謡曲が私にとっては渋すぎたけど、珍しく父は鼻歌まで歌い上機嫌でした。きっと重労働な蕎麦打ちの任務が完了し、ホッとしていたのだと思います。

　真っ黄色でまぶしすぎる、今年最後の夕日に目をくらませながら、父の運転で私達は団地に帰っていったのでした。

この日の夕方、散歩で見たメタセコイア

サンキュー・マミーのお惣菜 🍄

　一人暮らしを始めた頃34歳でしたが、レシピを見ないで作れる物といえば、カレーとミネストローネという情けない料理の腕前だった私。もともとそんなに食事に執着しない性質で、（おかずは、温泉たまごか納豆か韓国海苔があればいいや）という調子で、一人暮らし当初の食事はかなり単調で質素だったように思います。ごはんと汁物を切らさないようにだけ気を付けていました。

　この頃両親は団地に移り住む前で、私と同じ世田谷区に住んでおり、休日に夕食を食べに行くと、帰りがけに母はいつも手作りの冷凍惣菜をいくつか持たせてくれました。豚の角煮、カレー、ビーフシチュー、ポトフ、豚汁、肉じゃが、唐揚げ、チンジャオロース、麻婆茄子などなど……、1品ずつジッパー袋に入れて冷凍してありました。

　母からのお惣菜は決して一度に食べたりはせず、冷凍庫で保管し1品ずつ大切に食べていました。いつ食べようかなと思うとそれだけで楽しみなのです。30代の頃、休憩時間を2回取る、拘束時間の長い医療関係の仕事をしていました。どんなに疲れた日でも食べれば必ず元気になる、私には宝物のように思えるお惣菜だったので、スーパーのプライベートブランドをまねて【サンキュー・マミーシリーズ】とひそかに名付けていました。

　チキンカツや焼き鮭などは、わざわざ1枚多く買ってくれたんだなぁと感激ひとしお。そして、とんかつには輪切りレモン、牛

丼には紅生姜、炊き込みごはんにはきざみのりといった具合に、ラップやホイルに包んで薬味なども別添えしてくれて、本当に感謝の気持ちでおいしく食べていました。私の自炊ごはんが質素でも飽きなかったのは、この母のお惣菜を好きな時に食べられる幸せがあったからに他なりません。

　大きな保冷の手提げバッグに、母からもらった冷凍惣菜を大喜びで詰める私を、台所の換気扇の所で父は煙草を吸いながら見ていて、「うちの冷凍庫空っぽになっちまうよな」と言うので母と大笑いしたりしました。

　かなりの食べ物が冷凍できる事を教えてくれたのも母です。母作のミートソーススパゲッティーは、こんな風に冷凍して渡してくれましたが、解凍してもアルデンテでとってもおいしいんですよ！　それから、食べきれなかったコンビニスイーツも冷凍できると聞いた時は驚きでした！　自然解凍して食べれば忘れた頃においしいのでおすすめです☆

母手作りのミートソース。トマトのほんのりした酸味がとってもおいしい。

解凍すれば、元どおり。他にも、ガトーショコラなども冷凍できます。

ビーフシチューは自分で作った事がなく、好きなのでもらうと大喜びでした。サラダでもなく生キャベツが添えてあるのが当時の私らしさです。

ごはんが嬉しいお正月

　2016年12月30日。私は仕事帰りに両親の暮らす団地にやって来ました。その日は早出だったので早く帰る予定が、終業間際にミスをして結局遅くなってしまいました。

　団地に向かう急行電車で、図書館で借りてきた食に関する書籍を読みながら過ごしていました。私は最近たこ焼きが大好き。近所でたこ焼き散策をする事もあるし、粉ものごはんが妙においしそうに感じます。お好み焼きやもんじゃ焼きの記述を読んでいると、もの凄くおなかがすいてきました。

　すっかりもんじゃ焼きが食べたくなった頃、電車は団地の最寄り駅に到着です。バスに乗り換え夜道を進みました。そして、バス停に降り立つと母が待っていてびっくり。心配しないように到着時間の目安は言ってありましたが、バス停まで迎えに来てくれて、じーんと嬉しかったです。

　姉夫婦も来ていてにぎやかな団地ですが、その夜は出かけてしまったそう。両親だけで夕飯を済ませ、父はもう寝てしまったとの事でした。いつも両親が寝床にしている部屋は姉夫婦が使っている為、玄関を開けると茶の間に幸せそうな顔をして眠っている父が見え、母と笑いました。

　私はおなかがペコペコ。昼食を摂ってから10時間も過ぎていました。2人で歩いている時母は、「今日の夕飯はちょっとくどいかも、ごめんね」と言っていたので、こってりごはんは何だろうと思っていると、母が魚焼きグリルで焼いてくれた、私の大好きな油揚げピザが出て

きました。大きめのピザ、全部食べ
ていいなんて嬉し過ぎます。それか
らナポリタンにはピーマンの肉詰め
がのっていて、味が濃い洋食同士と
いうのが、くどいの意味だったよう
です。クリスマスパーティーのメ

ニューみたいでおいしそう。母がお風呂に入っている間、温かいこ
たつでひとり夕飯を食べていました。まだ30日なのに、除夜の鐘
が聞こえてきそうな程、年の瀬を感じた静かな時間でした。

粉量りセット

　翌朝大晦日。私は今回も蕎麦打
ちをする父の助手になろうと張り
切っていました。母からエプロン
を借り装備もバッチリ。それなの
に今回も私は、粉量りと蕎麦の受
け渡しという、完全な雑務係を任
命されました……。
　亡くなった父方の祖母がよく
作ってくれた蕎麦の味を、父が試
行錯誤しながら再現し、引き継い

でいます。蕎麦打ちはもの凄く力仕事なのに、出来上がる量は少し
ずつで大変。だけどいつか私も、蕎麦打ちをしてみたい気もします。
「粉半分」という手短かな指示が父から出たけど、何の事やらさっ
ぱり判らない。母に聞いても判らないと言います。蕎麦打ちをして
いる時の父は、いつもに増して無口でちょっと怖い。結局父に聞い
て、「半分は半分だよ！」などと怒られながら、蕎麦粉ではなく小
麦粉のほうを半分ずつに分ける作業をしました。確かに昨年もこん

な感じだったと思い出したけど、こんな無愛想な蕎麦職人に弟子入りするのは怖いなぁ……。

　ごく少量の水だけでこんな粘土みたいな蕎麦玉が出来上がります。加える水は本当に少なく、それを玉にする為にはそれだけ力が必要なのです。伸ばして細く切り、茹でたらお蕎麦になります。本当に重労働です。

伸ばす前の蕎麦玉

平たく伸ばし、たたんで切ります

　母が蕎麦を茹で始めた時、お湯の量が少ないと父が怒りました。母は、怖い怖いと笑っていたけど、「お母さん、お父さんあれ本気で怒っているからね」と、ひそひそ告げて、トラブルが起こらないように気を配りました。お昼までには数日食べられる量の、私達といとこ一家の分の蕎麦が茹で上がり、蕎麦作りは無事に終わりました。

　お昼ごはんにみんなで出来たてを食べました。私のマグカップの白い

年の瀬を感じる、我が家の味

飲み物は蕎麦湯です。父は誰よりも早く、あっという間に蕎麦を食べ終え、どんぶりの汁の残りにたっぷりと蕎麦湯を入れた、見た目豚骨スープのような、男気溢れる〆のスープを飲んでいて、みんなに笑われていました。

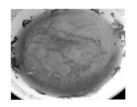

父の蕎麦湯

　午後遅くならないうちに、私と父で世田谷区に住むいとこの家まで蕎麦を配達に行きました。昨年の大晦日もこんな良い天気で、ドライブ気分の配達は楽しかった為、今年も私は自ら配達のお供を買って出たのです。

「去年配達したのがつい最近みたいに思えるよね」と車の中で父に言うと、「おまえ去年も行ったんだっけか？」と返ってきた。ギャッ、なんてこった。お手伝いしたのにひどいや。

　いとこの家のインターフォンを鳴らし、「お蕎麦を持ってきました」と声をかけると叔母はびっくりしたような、裏返った声で、「あらまぁ」と言いました。お蕎麦を渡しお餅をもらいました。叔母は、「お茶を飲んでいって」と言ってくれましたが、父は、「いらねぇ」と答えたのでお茶なしになってしまいました。叔母の家はポカッと暖かく、何とも言えない良いにおいがするので、お茶飲みたかったなぁ……。

　配達の旅は本当に蕎麦をお届けしただけでしたが、年末ののんび

空はこんなに真っ青！

45

りした雰囲気の中を、車で行き来するのは楽しかった。河原沿いにはジョギングや、散歩を楽しむ人がたくさんいて、鳥みたいによく飛ぶ凧揚げも見る事ができて素敵でした。

　配達から帰ると私は、姉夫婦の車に乗せてもらい、ホームセンターに行きました。たこ焼き器を見ていたら、何だか欲しくなってきました。私はフライパン型のしか頭になかったけど、姉夫婦によると関西のほうでは電気のたこ焼き器が主流なのだそうで、小さめのサイズもちゃんとありました。電気のタイプならば座ってくつろいで、お茶を飲みながら焼けるのだと思いました。もしも買う時には、電気のにしよう……。

　1月4日まで私は団地に滞在していましたが、大晦日以外は休みではなく、団地から仕事に通っていました。元旦の朝に目を覚ました時には、ぎょっとして飛び起きました。何と、団地から会社まで普段の倍以上の時間がかかるのに、一人暮らしの普段の時間で目覚ましをセットしていたのです。大慌てで支度しましたが、水筒にお茶入れたり、朝ごはんの準備も母がしてくれたので、何とか遅刻せずに済みました。

　元旦の朝ごはん、おしるこ。寝坊から始まった新年ではありましたが、甘くてなんとおいしいのだろうと、幸せな初ごはんだったのでした。

元旦の朝ごはん

今年も蕎麦助手に

　2017年12月30日の朝、楽しみな気持ちで早朝の電車に乗りました。仕事帰りにまっすぐ両親の暮らす団地に行くのです。姉夫婦はすでに来ていて、1月3日まで滞在します。私も同じく3日まで泊まる為、大きめのバッグを持っていました。電車の車内には大荷物だったり、お土産の銘菓の袋を持った人もたくさんいました。早朝の電車なのにみんなお洒落をしているようで、年末がやって来たなぁと、私も団地行きが更に楽しみになりました。

夕食です

　　仕事を終えて団地に到着したのは21時。母におおよその到着時間を伝えていたけど、予定より遅くなってしまいました。家で待っててね、と言ったのにバス停でずっと待っていてくれた母。優しいなぁとじーんとしました。姉夫婦は友人たちと会うそうで、その夜は不在。母がゆっくりお風呂に入っている間に、私は夕食をのんびりと食べました。

　　大晦日の朝。朝食を済ませると私は、サロンエプロンをして蕎麦作りの助手になりました。茨城県出身の父の地元では、年越し蕎麦を手作りする風習があったそうです。もともとは祖父が蕎麦打ちをして、その味を祖母が引き継ぎました。祖母が亡くなってからは、父が蕎麦を作ってくれています。私は内心、いつか何代目だかになりたいなぁと思い、毎年助手として手伝っていますが、今年も粉量りとできた蕎麦を台所まで運ぶのが主な仕事となりました。

父が台所で煙草を吸っている間に、蕎麦工房の様子を撮影しました。工房といっても、ここはお風呂場なのです。浴槽のふたを閉めて新聞紙敷いただけ。でも、粉を気兼ねなく下にはたいたりできるので、使いやすそうな即席の蕎麦工房です。

　蕎麦打ちの見学もしましたが、誠に暇なので台所の椅子に座り、新聞折込の初売り予告のチラシを熟読し、ごぼう茶を飲んでいました。父と母は蕎麦作りが始まると、両者必ずピリピリしだすので、空気を読みつつ場を和らげるのは助手最大の任務でございます。

　面白そうだなぁ、蕎麦作り。蕎麦を切り始めるあたりから、大鍋にグラグラ湯を沸かし始めます。右の鍋が蕎麦茹で用。左の鍋には、母が鶏ガラを煮出してたっぷりの蕎麦つゆを作っています。やがて姉夫婦が起きてきたので再会を喜びました。茶

いい音がします

鶏のガラで作るので本当においしい

の間でごはん食べてもらう為、イカさしやトロロ、ほうれん草のお味噌汁などを私が運びました。

　全ての蕎麦が切り終わり、母が蕎麦を茹でて、いとこ用にも箱へ詰めました。大鍋類は新聞紙を敷いて、乾かす為にベランダへ。ベランダに出ると外はひどく寒かったけど、予報に反して小雨程度しか降らず、雪はさほど舞いませんでした。

　12時30分になるとみんなで出来たてのお蕎麦を食べました。蕎麦湯には蕎麦つゆを加えて飲みました。おなかがすいていたのでおいしかったです。姉夫婦は朝食後間もないのに、蕎麦もペロッと平らげました。

　13時過ぎ、世田谷区に住むいと

この所まで蕎麦を配達に出かける事に。今年は私が運転できるかなぁとひそかに考えていましたが、「年末は普段乗らない奴が変な運転したりすっからよー、おまえ今日は運転いいよな」と父が言い、「うん」と答えたけれど、今年は私が運転するかもと楽しみにしていたのでがっかり。

　どんよりと曇った寒い道のりを、蕎麦を積んで出発です。私は景色を見るのが好きだから、河原をジョギングする人、食材を持ち帰る大晦日の街の人などを、飽きる事なく助手席から眺めていました。いとこの家の近くまで来ると、商店街は人でごった返してお

り、父は徐行して、車は本当に歩く程のスピードでしか進めません
でした。街の小さなお蕎麦屋さんは、年越し蕎麦の販売で大行列！
店の外に長テーブルを出し、特設の販売所が作られています。

「これは儲かるね！」父と車内でしゃべり笑っていると、売り子の
アルバイト風の男の子が、私達の視線に気付き、嬉しそうに笑いま
した。あぁ、この辺りは高校の通学路でもあったから懐かしいなぁ。

いとこの家のインターフォンを私が押しましたが、父は勝手にド
アを開け「邪魔するよ」と言いながら突入していきました。部屋は
とても暖かかったです。昔からいとこの家は寒がりで、冬はいつで
もハワイのように暖かくしています。ポカポカの、この家の暖かさ
もとても懐かしい。叔父しかおらず、いとこが40度以上の高熱を
出して、10分位前に叔母と病院に行ったそうです。叔父はイスを
すすめてくれて、私はよそのおうちでお茶をいただくのが大好きだ
から、座りたかったけど、「帰るのも大変だからもう行くよ、また
邪魔するよ」と父が言い、帰る事になりました。

帰りに私の一人暮らしの部屋にも寄ってもらい、姉がくれたイン
コのカレンダー、ドレッシング、お茶などをしまいました。そして
ワンピースを1枚持ち出し、部屋のアロエに水をあげてから車に戻
りました。

車にはいつの間にか若葉マークが貼られていて、父が助手席に移
動していました。

「結構すいてっからよー、おまえ運転しろよ」と急に言われ、嬉し
かったけど団地までの道のりは遠く、環状線など大きな道路ばかり
なので緊張が一気にのしかかってきました。それでも、父が早めに
先の進路や道幅の形状などを伝えてくれたので、落ち着いて運転が
できて、何と初めて自分の部屋から団地の駐車場までの距離を運転
しました。時間はおよそ1時間。駐車も一度できちんと入り、大晦

日に達成感のあった嬉しいドライブでした。

私の分のカニ

　大晦日の夕飯は、カニとお蕎麦。私は夕食の席でも大型スーパーのチラシを眺めていました。チラシに載っている、元旦からの食品福袋や詰め放題のイベントへ行きたいのに、仕事なので残念だったのです。すると、姉が代わりに行ってくれると言い、「奥さまどれがいいのよ？」と面白く言ったので、おかずのレトルトパウチ詰め放題をお願いしました。

（これで心置きなく仕事に行ける……）とても嬉しかった私です。

　翌日は仕事先でも、お姉ちゃんは詰め放題をもうしたかなとワクワク。夜帰宅すると、姉と姉の夫がニコニコと待っていてくれました。私はお刺身でごはんを食べながら話を聞きました。詰め放題の袋が小さくてびっくりしたそうです。
「でも結果を喜んでくれるといいな」と言い、私の帰宅時間が遅かったので、「まずごはん食べなよ」と、まだ見せてくれませんでした。途中まで食べてから、見たいとお願いすると持ってきてくれて、レトルトパウチがいーっぱい！「この小さな袋でこんなに？　1回で？」信じられない量でした。
「す……、凄い！！　でもちょっとドロボーみたい！」私が言うと、姉

楽しい詰め放題

夫婦や母もゲタゲタ笑って、出来事を教えてくれました。

　姉がせっせと詰めていると、側にいた女性が、「この袋ね、結構伸びるから引っ張りながら詰めるといいですよ」と教えてくれて姉は、「妹はこれがやりたかったけど仕事で、私が代わりに来たんですよ」と言い、「妹さん喜びますね」などと話したそうです。詰め終わると、更に見知らぬ年配女性が姉の所に近付いてきて、

「まだまだ！！」と真顔で姉に詰め寄り、

「もっと押し込んでさすのよ！　はい！　はい！」と、かけ声をかけながら、勝手に5、6個追加でねじ込んでくれたそう。

「手で押さえてレジに行きなさい、あたしもさっきこれで買ったから！　絶対に大丈夫だから！」と教えてくれたそうです。結局レジの所で崩れちゃったそうですが、姉の夫が、「見逃してくださいー」と、お願いしてくれて、レジのかたも優しく、おとがめなしで購入できたという事でした。レジに持っていった詰め放題は、巨大な扇状だったそうです。

　話を聞いてとても楽しかった！　私もその様子が見たかったなぁ。姉はその後、衣料品コーナーでパジャマの福袋を買い、スーパーの大サービスの品々に大変満足したそうで、来年もまた行きたいと言っていました。

　私もいつか詰め放題のプロのご婦人に会ってみたいです。レトルトパウチは姉と母、会社の友人にもお裾分けをして、とても楽しいお正月の思い出になったのでした。

電気が点かない、大ピンチ

　2014年12月7日の出来事。目覚まし時計の音で目を覚ますと、いつもタイマーで朝流れているはずの、オーディオの音楽がかかっていませんでした。目覚まし時計はスヌーズ機能で鳴り続けるので、私は寝過ごしたかと焦り、飛び起きました。でも、寝坊ではなくいつもの時間。どうして音楽がかからなかったのか判らなかったけど、私はロフトの下に降り、今度はテレビの電源も入らない事に気が付いたのです。

　（夜中に停電でもしたのかな？）ブレーカーを見に行くと、1つ落ちているのがありました。ところが、何度【入】にしようとつまみを上げても、絶対に上がらず、パチンと音がして即落ちてしまうのです。時々ポストに入っている事がある、電気の安全の為のパンフレットを持ってきて、開いてみました。

漏電遮断器

　私の部屋のブレーカー、下段の左側が上がりません。パンフレットによるとここは【漏電遮断器】と書かれています。漏電しているのでしょうか。でも昨晩までは全く普通だったのに、朝起きたら漏電だなんて……。

　一段と寒い朝で、室内でも手足がかじかむ程。寒さを我慢して身支度したら、少し頭が痛くなってしまいました。電子レンジで温めるだけでいいように用意してあるごはんとお味噌汁は、レンジも使えないし、急いでいたので、両方鍋に入れて煮込み、猫まんまみたいにして食べました。建物から出た時、1階の住人のエアコンの室外機が動いている音がして、他の部屋の電気は大丈夫なのだという

事を知りました。

　会社の昼休み、お弁当を食べながら改めて、家から持ってきた電気のパンフレットを読み始めました。すると、漏電遮断器が切れてしまったら、という私と同じケースが載っていて、対応策が書いてあります。漏電していない回線に関しては、復旧できる可能性があるようなのです。……そうだったのか。朝もう少し落ち着いて読んで、冷蔵庫だけでも復旧させてくれば良かったと残念に思いました。そして、帰宅してこれらの作業をやってみてからの修理依頼だなと思い、悪い回線以外は使えるのだと思うと、少し安心しました。

　朝会社の人達にも、ブレーカーについて色々聞いてみたりしたので、「電気大丈夫そう？」「電気直るといいね」などと、お昼休みの後や、帰宅の際に声かけてくれて嬉しかったけど、「悪い回線の電気以外は引き続き使えるみたいです」と、この時の私は全くの余裕ぶりでありました。

　私が帰宅したのは21時頃。部屋は真っ暗でしたが、防災袋から大きな懐中電灯を取り出し、お昼に予習済みの対応策をやってみる事にしました。何と……、ひとつも上がらない。手順通りに試しても、漏電遮断器のスイッチ自体が、頑なに上がらないのです。でも手で押さえていると、電気の点く明るい暮らし

がひと時だけ復活します。手を離すと、パチンと全ての灯火が幻想のように消えてしまう……。むなしい……、何だこりゃ。マッチ売りの少女になった気分です。

　私はめまいがしました。日曜日、21時。こんな悪条件に、通常料金で修理は来てくれるのか？　だめだろうと思います……。せめてお風呂に入れるなら、明かりはなくても一晩耐えられると思い、ガスを確認しました。キッチンの調理のガス火は使えるけど、お風呂のお湯を使用するのに、壁のパネルのスイッチを入れなくてはならず、そのスイッチは電気なので入りませんでした。

　実家に泊めてもらう事も考えましたが、父はすでに眠り、母はもう寝支度を始めている時間帯です。今から行きますと言ったら、布団だけでなく食事も用意してくれるに違いないけれど、行くのにも1時間位かかるし、母が可哀想だと思いました。それに、この状態も放っておけないので、明日には修理を呼ばなければなりません。

　温度計は0度を示していて、暗闇の中で自分の息が真っ白でした。疲れていて、おなかも凄くすいていたし、不安になり考えもまとまりません。月明かりが綺麗な夜で、カーテンを開けておくと真っ暗ではありませんでした。しかし、私の部屋はいわゆる、ひとり停電状態なので、ベランダごしに見える家々の明かりが羨ましく、外を眺めると余計に気が滅入りました。

　帰宅時には1階や2階のかたの窓に明かりが見えていました。同じ建物に住んでいても、いつもと変わらぬくつろぎの夜を暖かく過ごす人もいれば、最上階の女は暗闇の中で、キッチンで水をこぼし、足とキッチンマットが大々的に濡れ、寒さで凍りかかっているのでした。

　私は一晩電気なしの部屋でどうにか過ごし、明日すぐに修理に来てもらう事に決めました。さいわい翌日は私の休日だったのです。

大家のじいさんに電話をすると、珍しくすんなり出てくれました。ブレーカーの復旧も試した事、電気も給湯のガスも使えない状態である事を説明し、明日朝の修理を依頼してもいいか質問しました。すると、建物の電気関係をお願いしている業者があるそうで、そこに依頼をして、大家のじいさんも修理に立ち会うと言うのです。

　ところが、「明日や明後日は用事があるから、木曜日にでも……」と大家のじいさんが言い出したもので、「私、きちんと家賃払っているのに、何で電気なしで木曜まで過ごさなきゃいけないんですか」と、つい怒ってしまいました。寒いし、冷凍庫の中の物もダメになりそうで本当に困っているので、明日午前中早めに修理したい希望を告げました。

「ごもっとも」と、じいさんは年寄りらしい返事をして、明日午前10時の修理依頼という約束になり、電話は終わりました。

　一晩どうにかこの部屋で過ごさなければいけないけれど、電気が点かないと真冬こんなに寒いし、暗いと不便です。レンジもドライヤーも使えないなんて、たまらなく辛くなってきました。ハナをかみ、寒さに凍えかかりながら、【ごはんを食べ】【銭湯に行き】【すぐ寝てしまおう】はらぺこと寒さで回転の鈍った頭で、これだけの事を決めました。

　夕食はコンビニで買おうか、外で食べようか？　おそらく冷蔵庫の中の物をなるべく食べてしまったほうがいいので、冷凍庫から11月末に母がくれた五目ごはんを取り出して温める事にしました。私はこの時、行動も思考回路もノロノロして、やる気をなくしていました。とにかく寒くておなかがすいて、先ほど不注意で水をこぼした足が氷のように冷え切り、ひもじくて泣きたい気持ちだったのです。自分に向かって、心の中で、

（今おいしい物作ってあげるから、ちょっと待っててね）

と話しかけると、不思議な事にとても元気が出てきました。もう楽しんでしまったほうがいいに決まっています。

　フライパンを取り出し、凍っている五目ごはんをじっくり焼き始めました。懐中電灯の光は手元を照らせるように、背後のキッチンワゴンに置きました。ジュウ、ジュウ、ジュウ……。おいしい湯気と香りが、凍り付いた空気に広がりました。凍ったまま焼くと、表面がこんがりしてきて、まるで分厚いおやきみたい。母の五目ごはんは２膳分位あって、かなり大盛り。はらぺこの私にとっても嬉しい！　レトルトの春雨スープ（担々麺味）もありました。一口コンロなので、五目ごはんを焼いた後にお鍋で湯を沸かし、緑茶とスープの用意もできました。

母の愛情、五目ごはん！

暗闇定食、出来ました！

　懐中電灯のみの光で、ごはんを食べるなんて初めてです。暗いところで食事をするとおいしくないと今まで思っていましたが、この時食べた五目ごはん、春雨スープ、緑茶、どれも体に染みて、とても、とてもおいしかった……！　フライパンでじっくり焼いた五目ごはんは、表面がカリカリのお焦げになって、もち米で作っているから、内側はもちもち。量もたっぷりで腹持ちが良く母に感謝でした。

懐中電灯の光で飲む緑茶とスープは、湯気の動きがはっきり見え、白い湯気が暗闇でゴーストのように踊っていました。暗闇で食べた食事は、おいしくて元気が出て、いつまでもずっと記憶に残る味。体の内側がポカポカに温まりました。

　ごはんを食べたら元気になり、早速銭湯に行く支度をしました。

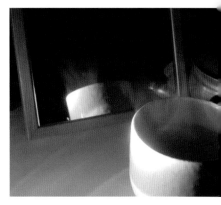

鏡を置くと、湯気がよく見えました

歩いて2分位の所に銭湯があります。以前からずっと行ってみたかったけど、行った事がありません。銭湯に行ったら、帰って冷える前にそのまますぐ寝ようと考えた私。持ち物の準備を念入りにしました。バスタオル、髪に巻くタオル、ボディースポンジ、シャンプー、メイク落とし、洗顔パウダー、髪に付けるオイル、ヘアブラ

シ、基礎化粧品、肌着類、パジャマ。手のひらサイズの小さなチャック付き袋に、シャンプーとメイク落とし2プッシュずつ入れておきました。こうすれば荷物にならないし、楽チンです。

　銭湯はよく男性が利用しているのを見かけます。女性客は少ないのかな、と思いながら行きました。代金を支払い入ってみると、結構女性側にもお客さんがいます。人気があるんだなぁ……！　鍵付きロッカーもあって、安心して利用できました。銭湯なんていつぶりでしょう。浴室内は白い

蒸気でいっぱいです。それだけでもうあったかくて嬉しかった私です。

　先に髪と体を洗ってから、湯船に入りました。銭湯らしくお湯が超熱くて、背中がチリチリとかゆくなりました。そしてその熱さが嬉しくてたまらなかったです。次に、ジェットバスに入ると、体の芯まですぐぽかぽかに。お湯の波に流されながら、部屋で具合悪くなりそうな程まで冷えていた私は、銭湯が大好きになりました。排水溝がカニの形で可愛かったです。ジェットバスと露天風呂を行き来して銭湯を満喫しました。肌が赤くなる程熱い湯に入ったのは久しぶり。実家のお風呂もここまで熱くないです。絶対にまた来たい、そう思いました。

　私は徒歩２分の距離をいいことに、入浴後はパジャマに着替え、帰り支度をしました。ドライヤーは20円。部屋では髪を乾かせないので、銭湯で乾かしました。5分で切れてしまい、もう少し乾かさないと冷たいので、追加の20円を入れてふわふわに乾かしました。大きな体重計で体重も量り、まだまだ暑い位ぽかぽかで、私は大満足。

　パジャマの上にコートをはおり、入り口の店番の女性にお礼を言って帰りました。自分がぽかぽか過ぎて、外が寒くありません。部屋に帰っても、全然寒さを感じませんでした。歯はもう磨いてあったので、帰ってコートを脱ぐと、布団に入ってぬくぬくと眠ってしまいました。綺麗になって安心しましたし、銭湯は楽しかったです。電気の事は大変だったけ

ど、こんな経験も良かったかなと思いながら眠りました。

　翌朝10時、大家のじいさんは現れませんでした。きっと工事の
人と合流して来るのだから仕方ないと、私は忠犬ハチ公のように
待ったけれど、楽しみにしていた2連休は大家のじいさん待ちから
始まり、短気な私は内心イライラ。10時45分頃にようやく、「ど
うも、家主です」と言いながらやって来たけど、じいさん単品で現
れ、私の部屋から業者を呼んでいたので、段取りの悪さに私のイラ
つきは増しました。しかも、私の部屋番号を隣りと間違えて業者に
伝えているし、「冷蔵庫の中ダメになっちゃうので至急来てくださ
い」とか無理を言っているようで、そりゃ昨日の私の発言の受け売
りだわ……。

　この頃、別件で大家さんに電話した時には出てくれなかったり、
留守番電話にメッセージ残しても全く折り返しがないなど、大家さ
んに対して不満が増していました。業者を待つ間、大家さんがずっ
と私の部屋にいたのでとても嫌でした。ちゃっかり椅子に腰かけ、
カバンをゴソゴソして大家のじいさんは、「今回は申し訳なかった
ね」と言いながら、飴の袋を私にくれようとしました。「いいで
す、大丈夫です」と冷たく言ったのですが、「買ってきたんだよ、
この飴おいしいよ。お
茶と一緒に食べて」と
言うので、（わたしゃ
小学生の孫ですか、飴
なんかでつられません
よーだ）と思いつつ
も、つい笑ってしまい
ました。私はのど飴が

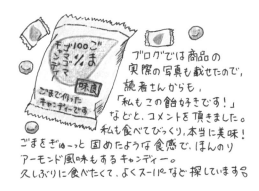

ブログでは商品の
実際の写真も載せたので、
読者さんからも、
「私もこの飴好きです！」
などと、コメントを頂きました。
私も食べてびっくり、本当に美味！
ごまをぎゅーっと固めたような食感で、ほんのり
アーモンド風味もするキャンディー。
久しぶりに食べたくて、よくスーパーなど探しています♪

好きじゃないけれど、のど飴ではなく、ごまの飴のようです。確かにおいしそうで受け取りました。

　そして大家さんと違って、業者さんはすぐに来てくれて本当に一安心。午後にならず、良かった。見てもらうと、漏電遮断器自体が老朽化で破損してしまっているそうで、取り替えることになり、1万9000円だとじいさんは告げられていました。そんなに私は立て替えられないから、今回は大家さんが立ち会ってくれて良かったと思いました。とても手際の良い担当さんで、取り付け作業は20分程で終わりました。私たちは側で作業を見守っていました。大家のじいさんは、「支払いは振込みでも構わない？」とか、「じゃあ、他の部屋の漏電遮断器も同じように壊れる可能性がある？」などと、作業中の工事のかたにうっとおしい程、あれこれと質問していました。

　工事が終わって電気が復旧した時、本当に嬉しかったです。1万9000円もかかったんだものなぁと思うと、大家さんにお茶1杯だけお出しする事にしました。先日買ったばかりのカーボンヒーターを点け、大家さんに向けてあげると、足裏をあぶり始めたので、最悪だと思い早く帰って欲しかった。大家さんが、「今回は電気が点かず大変だったね」と言うので、本当は今になるとちょっと楽しかったけど、「銭湯行きました」とそっけなく言うと、
「そーだよね。お詫びにこの後、食事でもどう？」

クレパス型のカーボンヒーター

ですって……。でたー！

「いいです、出かけるんで」と言っても、「遠慮しないで」と5回位言われましたが、大家さんと食事なんて、私にとったら罰ゲーム級に嫌です。「もうそろそろ出かけたいので」とじいさんを追い出し、私はその後本当に買い物に出かけたのでした。

夕暮れ前に帰ってきましたが、電気が点くのは本当に嬉しかったです。今回の事は大変だったけど、懐中電灯もしっかりした物を持っていて良かったと思い、防災について関連して考えるきっかけになりました。

電気もガスも水道も当たり前ではない。身に染みて勉強になり、良い経験だったと思っています。

なつかしアルバム

～記憶～

両親と見た虹
（山形県・私の運転中に）。

私が会社でもらったトマト苗。
託すと父が上手に
育ててくれました。

紅茶やお茶が大好き。
お茶だけの夢の引き出し
（今はありません…）。

私もトマトを
育てました。
名前はトマ太郎。

開けてワクワク、
クッキーの形の
お菓子入れ
（今も使っています）。

父の育てたゴーヤ、
世田谷の実家にて。

世田谷区・実家の窓から。

世田谷の実家の
お風呂のタイル。

ヒヨコと真夏のカイロ

　小学5年生の時、動物が大好きだった私はクラスの飼育委員になりました。あまり人気のある委員ではなく、すんなりとなることができました。飼育委員は日替わり当番で、小屋の掃除や餌の補充をするのですが、私は毎日昼休みや放課後に行っては動物達を触り掃除もしました。ウサギ、ニワトリ、チャボがそれぞれ複数羽いて、真っ白なアヒルも1羽だけいました。みんなよく人間に慣れていて、ニワトリやアヒルも抱いても嫌がりませんでした。夏休みのプール教室の帰りには必ず、動物達の所に寄りました。

　飼育委員の特権は何といっても、先生に聞かなくても自由に小屋に入れた事と、あとはニワトリのたまごが手に入った事です。私は小さい時からヒヨコが大好きで、可愛くて、欲しくてたまりませんでした。お祭りで売られていたヒヨコを何度もねだった事がありますが、きっと死んでしまうから、可哀想だから、ニワトリになったら困るから……etc.　様々な理由により買ってもらえませんでした。飼育委員会は高学年にならないと入れないので、5年生からです。5年生になってすかさず飼育委員に立候補した私は、もちろんたまごを狙っていました。

　1学期の終わり頃だったと思いますが、とても凄い事件がありました。隣りのクラスの男の子が持っていたたまごに、授業中ヒビが入り、何とヒヨコが出てきたというのです！　その男の子は【いっちゃん】と呼ばれていました。いっちゃんは先生にも内緒で、どう

やらずっと、おなかのあたりでたまごを温めていたそうなのです。

　……その日の様子を私は今でも覚えています。もうすぐ給食という時間帯、隣りのクラスからワー！！　とか、キャー！！　と、子ども達の叫ぶ声がしました。

「静かにしなさい」と、隣りの女の先生の声も聞こえてきました。あまりに大騒ぎだったので、私は給食の準備の時間に、水道で手を洗いながら隣りのクラスの女の子に、何があったのかを聞いてみました。

「いっちゃんのたまごからヒヨコが出てきたんだよ」

　そんな話を聞いてびっくり。そしてそれは、私にとって羨ましくてたまらない話だったのです。

（ひょぇー、いいな、いいな、いっちゃんずるい、私もヒヨコが欲しいよー！！）

　その時から、私もヒヨコを孵してみたいという夢を強烈に持つようになりました。

　ニワトリは何羽もいましたが、産んだたまごを温めるニワトリと、産みっぱなしにしているニワトリもいるようでした。私は、温めているたまごをもらうのは嫌だったので、夏休みの間放ったらかしのたまごがないか、いつも見ていました。

　太陽の照りつける暑いある日の事、１つのたまごがぽつんとあったのを見付け、私は大喜び。ついに手に入ったたまご！！　大切にもらって帰る事にしました。小さな絵柄プリント付きのポケットティッシュでくるんで、冷たくならない

ようにして、落とさないように大切に。そしてヒヨコのたまごだから揺らさないように……。約20分の道のりをソロリと歩いて、慎重に持って帰ってきたのです。

　家の玄関では、父がホースで花に水やりをしていました。

「何だよそれ」

　胸の前でたまごを両手で包み帰ってきた私は、早速質問を受けました。父にたまごを見せ、「この夏休みにあっためてヒヨコにするんだ」ウキウキと説明をしました。

「バッカだなぁ、おまえ、寝る時どーすんだよ」父は私の話を聞くやいなや、笑い出したのです。「カイロであっためたり、お風呂のお湯を使うんだもん」そう答えましたが、父はひとしきり私のヒヨコ計画に大爆笑。父に笑い飛ばされてすっかり不機嫌になった私。

（いいもん、絶対私もいっちゃんみたいにヒヨコにして大切に飼うんだ）と、心ひそかに決意を強くしたのです。

　その後父が、「おい、それじゃカイロ買いに行くんだろ」と言い、さっきまであんなに笑っていたのに、急に協力的になり、車を出してくれる事になりました。でも私は笑われた事をしばらく根に持って怒っていました。

　向かった先は商店街の個人経営の小さな薬屋さん。父は使い捨てカイロをたくさん買ってくれたのです。その頃カイロは定価販売のような状態で、今ほど安くは買えませんでした。最も有名なメーカーのカイロは1個約100円。たくさん買うと結構な金額になります。そこで父が、「これも全く同じだから平気だ」そう言って買ってくれたのは、金色のパッケージにウサギのイラストの描かれた、見た目も楽しいカイロでした。

　それからの父はヒヨコを孵す為に、多くの協力をしてくれました。家に戻るとまず、空き箱でたまごに丁度良い入れ物を作ってく

れたのです。熱くなり過ぎないように
カイロにタオルを厚く何枚も重ね、朝
や晩にこまめに温度調節をしてくれま
した。たまごはいつも私の学習机の上
に置いてあり、私が寝ている早朝に温
度を確認したり、新しいカイロに替え
ておいてくれたりもしました。

　父と私のヒヨコの夢、わくわく待っ
て、ヒヨコが待ち遠しくて、とても楽しい夏休みでした。それから
どうなったと思いますか？

　ヒヨコは21日で孵化するそうですが、その日が来ても変化があ
りません。ちょっと不安になり、でも遅生まれなのかと信じて1週
間以上余分に温めました。父は追加のカイロも買ってくれたので
す。
　ある日父は、懐中電灯で透かしたり揺すったりして私に、「たま
ごにヒヨコはきっといないよ、割ってみな」と言いました。私は
がっかりしたけど、さすがにその通りだと思いました。……以前飼
育委員のうわさで、掃除中に誤って
ニワトリが温めていたたまごを落と
してしまい、割れたたまごの黄身は
ヒヨコ型だった、なんてショックな
話を聞いた事がありました。だから
割るのがとても怖かった。だけど様
子もおかしいし、音も気配もないの
です。

父と一緒に玄関の門のあたりで割ってみました。私の手で、ごはんのたまごみたいに、コンコン、パカッて……。中にはヒヨコはいなくて、それどころかたまごの中身は、白身も黄身もなく、すっかり腐ってドロドロになっていたのでした。
「やっぱりな、まぁしょうがない」
　父はそう言うと、お風呂に入りに行ってしまった。私は夢が叶わなかったような、さみしい気持ちだけがしてしばらく外でしょんぼりしていました。夕食の時に父が、「あれは初めから絶対にヒヨコにならない、スーパーのたまごみたいなもんだったんだよ」と教えてくれました。

　今でも、もしヒヨコが孵っていたら……、と懐かしく思います。父もあの時残念そうでした。でもそれは決して、カイロに5000円もかけたからではなく、本当にヒヨコにしてあげたかったのだろうなと思います。

ヒヨコには会えなかったけど、それ以上に私にはとても大切な父との思い出。今でも父に感謝をしていて、亡き父に、今更お礼を言いたいなぁと思っている私なのです。

イラスト：菊池淳子

あとがき

　一人暮らし・足あと帳という本を作り
ましたが、私は現在も一人暮らしです。
2021年の春には引越しをして、この本
に出てくる建物からは引越してしまいま
した。30代の思い出いっぱいの、懐か
しいあの部屋で暮らした日々が1冊の本
になり、とても幸せに思っています。

　また、この書籍にもたくさん登場する
私の父は2020年4月に亡くなってしまいました。大好きな父との
大切な思い出も本にする事ができて、この本は私の生涯一番の宝物
です。

　長年勤めていた会社を辞めて、アルバイトをしたかと思ったらま
た就職したりして、器用でない私は本を完成させるのを随分長引か
せてしまいました。月日が経っても、その時の実際の会話、風景や
雰囲気をそのまま文章にできたのは、細かな部分まで書いた私のブ
ログがあった為です。新鮮パックの文章になっていて、書籍にする
にあたり読み返すと、その当時のそのままの記憶が、忘れていた部
分まで思い出され、楽しくて、何より懐かしくて涙が出てきまし
た。書いておいて良かったとつくづく感じ、書く事の素晴らしさと
普遍性を改めて痛感致しました。

　私の子ども時代の父との思い出に可愛いイラストを描いてくだ
さった友人の菊池淳子さんと、助言を求めればいつも迅速にアドバ
イスをくださり、最後まで本作りでご一緒くださったパレードブッ

クスの下牧しゅうさんに心からお礼を申し上げます。

　また、この本の完成を待っていてくださった、私の文章を応援してくださる皆様、たまたま読んでくださったかたにも、感謝の気持ちでいっぱいです。本当にありがとうございました。

　またいつかぜひ、お目にかかれますように……☆

世田谷きのこ

私の一番好きな花、タチアオイ

🍄 世田谷きのこ

世田谷生まれ、世田谷暮らし。
ささやかな日常をブログに書き残していたら、
思い出深い記録になりました。
私を知らない誰かが、楽しみにしてくれる事がとても嬉しい。
趣味は散歩とお昼寝、どちらも気分がすっきりします。
好きな食べ物ベスト3は、カレー、餃子、豚汁です♪

一人暮らし・足あと帳

2023年12月18日　第1刷発行

著　者　世田谷きのこ

発行者　太田宏司郎
発行所　株式会社パレード
　　　　大阪本社　〒530-0021　大阪府大阪市北区浮田1-1-8
　　　　　　　　　TEL 06-6485-0766　FAX 06-6485-0767
　　　　東京支社　〒151-0051　東京都渋谷区千駄ヶ谷2-10-7
　　　　　　　　　TEL 03-5413-3285　FAX 03-5413-3286
　　　　https://books.parade.co.jp

発売元　株式会社星雲社（共同出版社・流通責任出版社）
　　　　〒112-0005　東京都文京区水道1-3-30
　　　　TEL 03-3868-3275　FAX 03-3868-6588

印刷所　創栄図書印刷株式会社